Salamanca
Spain

City Map

⊕ Glob:us

Salamanca, Spain — City Map
By Jason Patrick Bates

First Edition: February 2017

Scale / 1:4000

| 50m

| 500ft

Map Overview

Map Symbols

▬	Highway	◉	Map continuation page
▭	Street	····	Path
♟	Archaeological site	▣	Kiosk
⚑	Artwork	✕	Level crossing
▣	Atm	📖	Library
⏥	Bar	🏮	Lighthouse
⚹	Bicycle rental	🚩	Memorial
🍺	Biergarten	▦	Memorial plaque
☸	Buddhist temple	▮	Monument
🚌	Bus station	🏛	Museum
🚏	Bus stop	☾★	Muslim mosque
☕	Cafe	▦	Neighbourhood
⛺	Camping site	♫	Nightclub
🚗	Car rental	P	Parking
☁	Cave entrance	▲	Peak
🏔	Chalet	⚕	Pharmacy
🔌	Charging station	🌲	Picnic site
✝	Church / Monastery	🛝	Playground
🎬	Cinema	👮	Police
⚖	Courthouse	✉	Post office
🏬	Department store	🏢	Prison
🐾	Dog park	▯	Pub
🚰	Drinking water	🚆	Railway
▣	Dry cleaning	🍴	Restaurant
[⬍]	Elevator	⛩	Shinto temple
⚑	Embassy	☬	Sikh temple
☰	Fast food	🏃	Sports centre
⚓	Ferry terminal	🛒	Supermarket
🔥	Fire station	☯	Taoist temple
⛲	Fountain	🚕	Taxi
⛽	Fuel	📞	Telephone
🏌	Golf course	🎭	Theatre
🏠	Guest house	🚻	Toilets
ॐ	Hindu temple	🏛	Townhall
⊕	Hospital	🚦	Traffic signals
🏨	Hostel	❋	Viewpoint
🛏	Hotel	🏊	Water park
i	Information	⛺	Wilderness hut
✡	Jewish synagogue	✖	Windmill

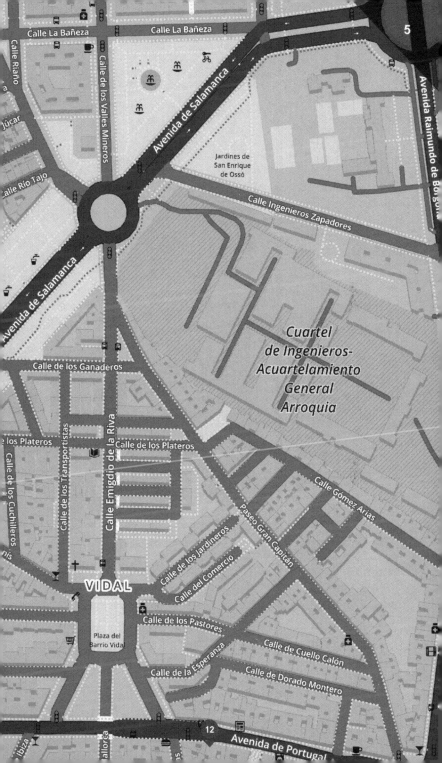

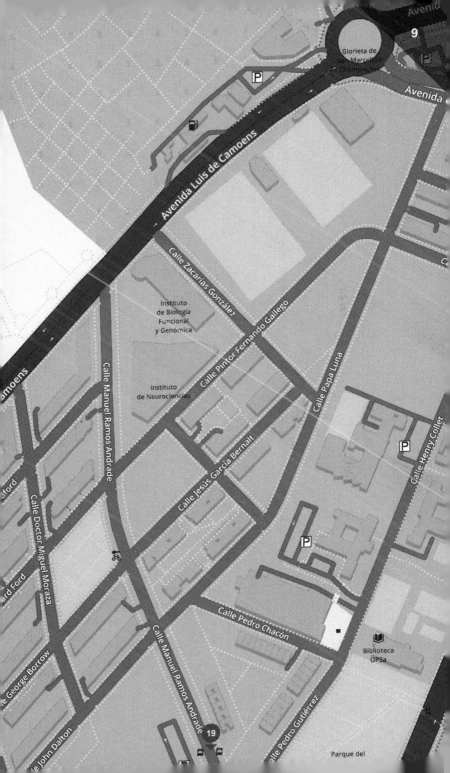

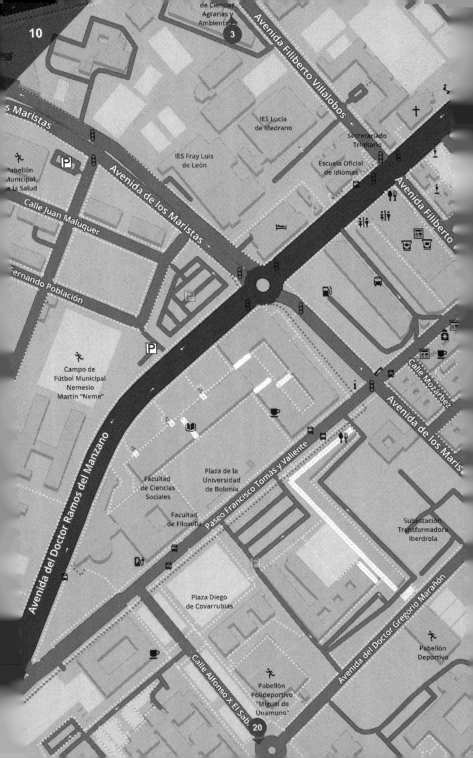

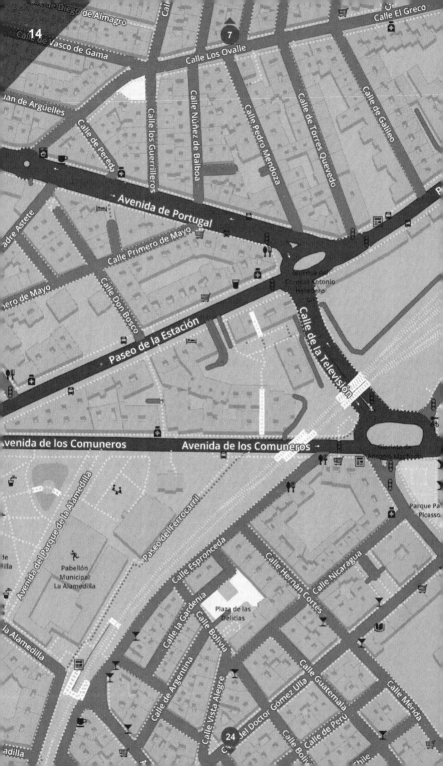

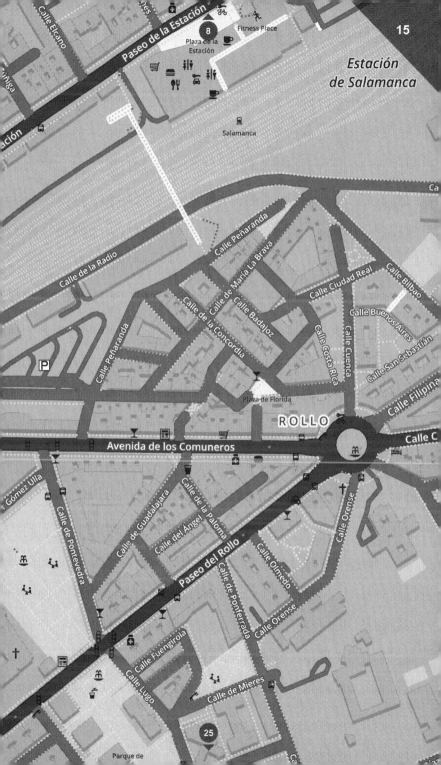

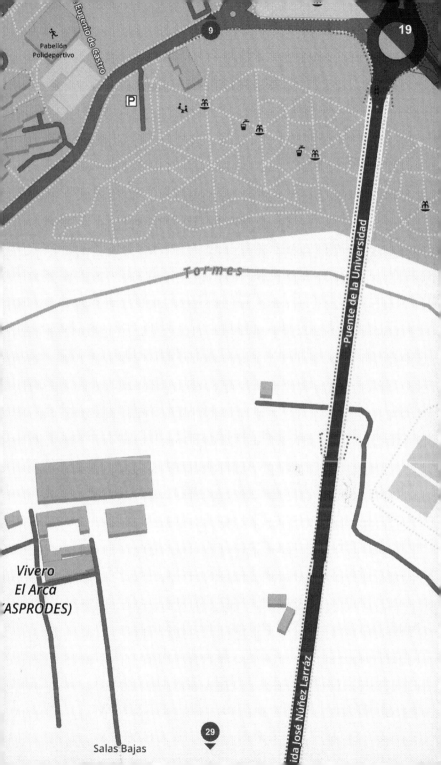

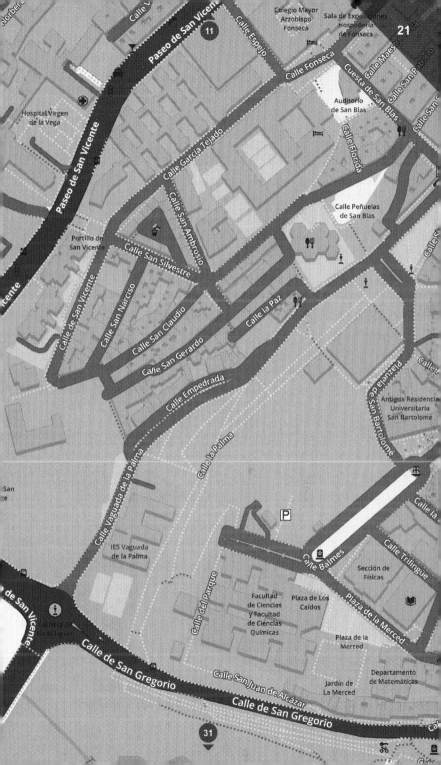

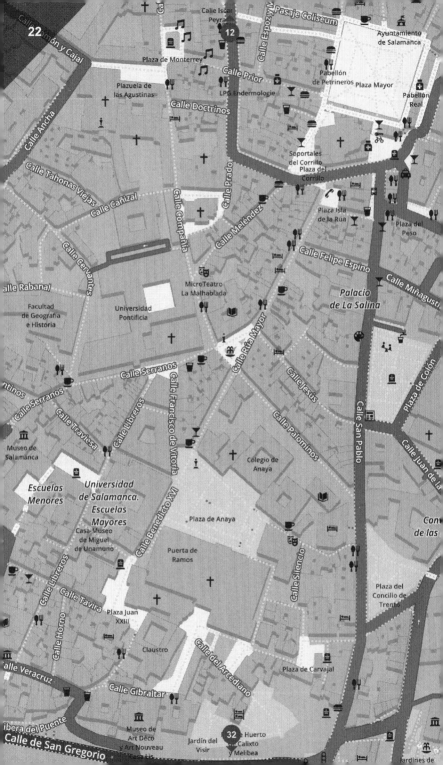

Calle Ramón y Cajal

Calle Iscar Peyra

Calle Espozy M

Pasaje Coliseum

Ayuntamiento de Salamanca

Plaza de Monterrey

Calle Prior

Calle Espozy M

Pabellón de Petrineros

Plaza Mayor

Plazuela de las Agustinas

LPG Endermologie

Pabellón Real

Calle Doctrinos

Calle Ancha

Calle Tahonas Viejas

Calle Cañizal

Calle Prado

Soportales del Corrillo

Plaza del Corrillo

Calle Compaña

Calle Cervantes

alle Rabanal

Calle Meléndez

Plaza Isla de la Rúa

Plaza del Peso

Calle Felipe Espino

Calle Miñagusti

Facultad de Geografía e Historia

Universidad Pontificia

MicroTeatro La Malhablada

Palacio de La Salina

Calle Rúa Mayor

Calle Serranos

Calle Jesús

Plaza de Colón

ntinos

Calle Serranos

Calle Traviesa

Calle Libreros

Calle Francisco de Vitoria

Calle Palominos

Calle San Pablo

Calle Juan de la

Museo de Salamanca

Colegio de Anaya

Escuelas Menores

Universidad de Salamanca. Escuelas Mayores

Casa-Museo de Miguel de Unamuno

Plaza de Anaya

Con de las

Calle Benedicto XVI

Puerta de Ramos

Calle Libreros

Calle Tavira

Plaza Juan XXIII

Calle Silencio

Plaza del Concilio de Trento

Calle Horno

Claustro

Calle del Arcediano

Plaza de Carvajal

alle Veracruz

Calle Gibraltar

Museo de Art Déco y Art Nouveau Casa Lis

Jardín del Visir

Huerto de Calixto y Melibea

ibera del Puente

Calle de San Gregorio

Jardines de

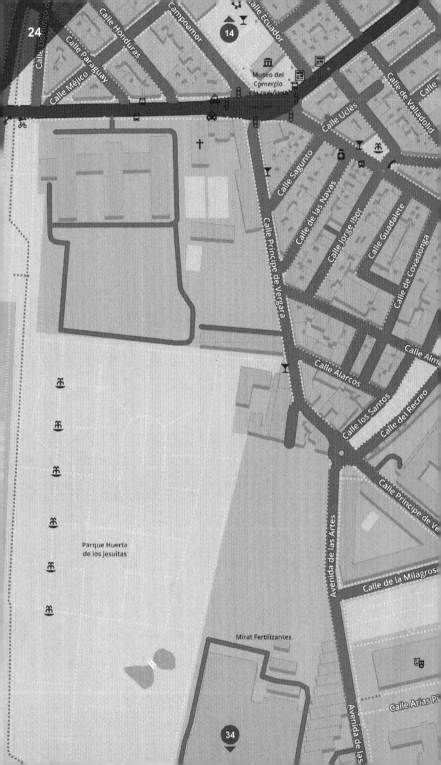

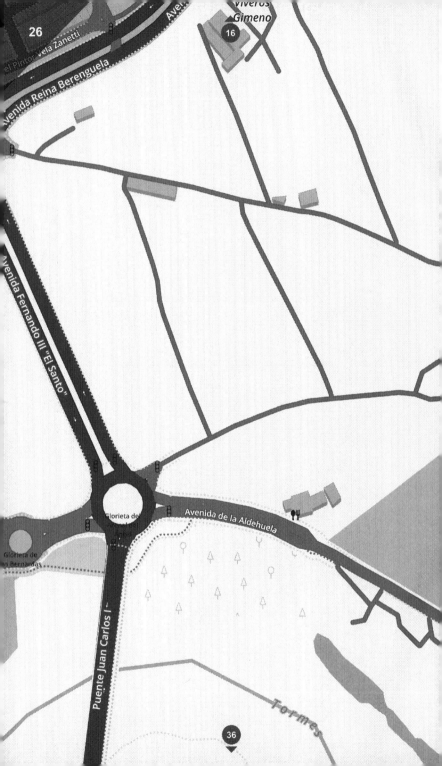

16

el Pintor Vela Zanetti

Avenida Reina Berenguela

Viveros Gimeno

Aven

Avenida Fernando III "El Santo"

Glorieta de

Glorieta de
as Bernardas

Avenida de la Aldehuela

Puente Juan Carlos I

Tormes

36

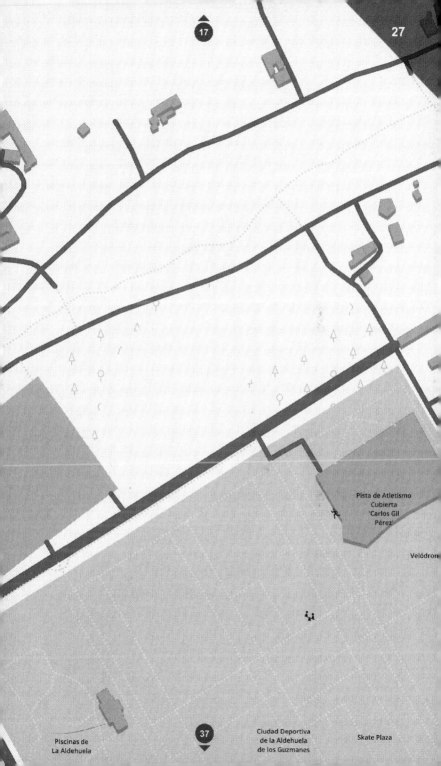

Pista de Atletismo
Cubierta
'Carlos Gil
Pérez'

Velódron

Piscinas de
La Aldehuela

Ciudad Deportiva
de la Aldehuela
de los Guzmanes

Skate Plaza

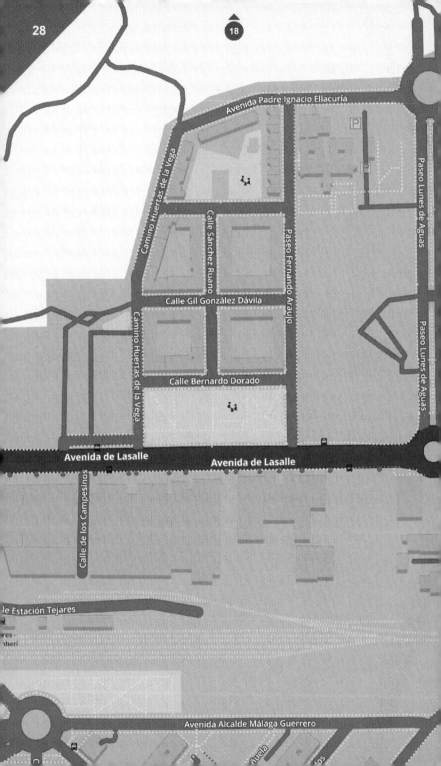

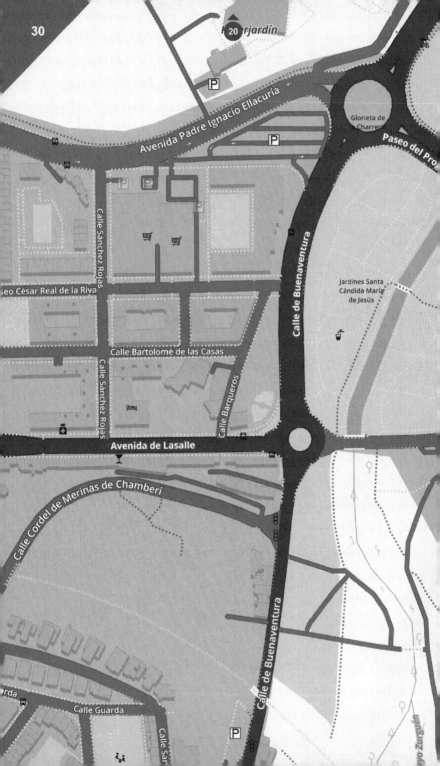

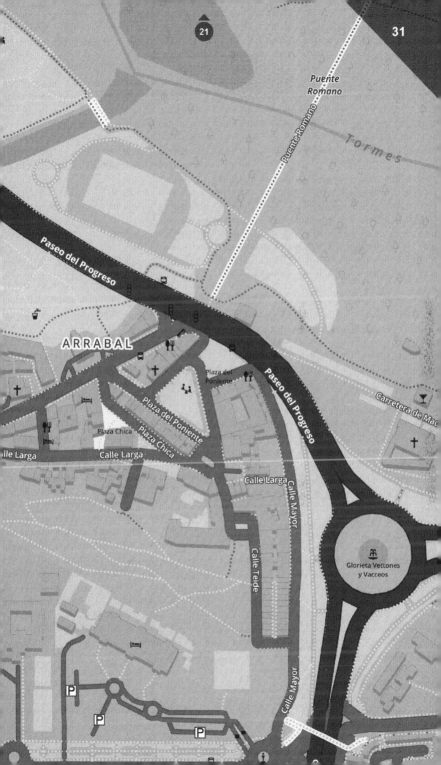

21

Puente
Romano

Tormes

Puente Romano

Paseo del Progreso

ARRABAL

Plaza del
Poniente

Plaza del Poniente

Plaza Chica

Plaza Chica

lle Larga

Calle Larga

Carretera de Mad

Paseo del Progreso

Calle Larga

Calle Mayor

Calle Teide

Glorieta Vettones
y Vacceos

Calle Mayor

P

P

P

Avenida de la Aldehuela

Avenida de las Artes

Campo de
Mirat

Parque de
los Jerónimos

Tormes

Parque Fluvial

Paseo del

Calle Sintra

Calle Cascais

Calle Estoril

26

Puente Juan Carlos

Glorieta Puerta de Santa Marta

Avenida de la Serna

Avenida Fontana

Calle Bolonia

Avenida Fontana

Calle Siena

Fitness Place

Calle Nápoles

Urbanización
La Fontana

Avenida Fontana

Avenida de la Serna

Calle Florencia

Calle Florencia

Avenida Edimburgo

Calle Florencia

Calle Ferrara

Calle Verona

Calle Venecia

Avenida Fontana

Calle Venecia

Calle Verona

Avenida de la Serna

Calle Roma

F o r m e s

Camino del río

Tormes

Streets

A

Avenida alcalde málaga guerrero 28
Avenida alfonso ix . . 6–8
Avenida alfonso vi 6
Avenida alfonso xi . . 3, 9, 10
Avenida de campoamor 14, 24
Avenida de italia ... 4, 12
Avenida de la aldehuela 23–26, 34, 35
Avenida de la carretera de madrid 34
Avenida de la merced . 6
Avenida de la serna . . 36
Avenida de las artes . 24, 34
Avenida de lasalle . . 28–30
Avenida de los cedros 7, 8
Avenida de los cipreses 8
Avenida de los comuneros 13–15
Avenida de los maristas 9–11, 21
Avenida de los reyes de españa 32
Avenida de maría auxiliadora 6, 7, 13
Avenida de mirat . . 12, 13
Avenida de parís ... 8, 15
Avenida de portugal 3–5, 12–14
Avenida de saavedra y fajardo........... 31
Avenida de salamanca 4–6
Avenida de san agustin 6
Avenida de santiago madrigal 16, 17
Avenida de vicente del bosque 7
Avenida de villamayor 4, 11, 12
Avenida del doctor gregorio marañón . . 10, 11
Avenida del parque de la alamedilla 14
Avenida doctor ramos del manzano . 9, 10, 19
Avenida edimburgo . 35, 36
Avenida federico anaya 7, 8
Avenida fernando pessoa 18
Avenida filiberto villalobos 3, 10, 11
Avenida fontana 36
Avenida genaro de nó 16, 17
Avenida josé núñez larráz 19, 29
Avenida juan de austria 31, 32
Avenida luis de camoens 9
Avenida obispo sancho de castilla 9
Avenida padre ignacio ellacuria 28–30
Avenida padres paúles 35
Avenida raimundo de borgoña 5, 6
Avenida reina berenguela . . 16, 25, 26

C

Calle abajo 12
Calle abraham zacut 24, 25, 35
Calle adelfas 3
Calle agricultura ... 7, 14
Calle alarcos 24
Calle alarcón 11
Calle alberto garcía ... 3
Calle alcalde beltrán de heredia.......... 28
Calle alcalde bravo garcia 28
Calle alcalde cruz hernández 28
Calle alcalde fernández alonso 28
Calle alcalde garcía peñuela 28
Calle alcalde gutiérrez ceballos........ 28
Calle alcalde gutiérrez rubio 28
Calle aldasoro quijano 28
Calle alegría 25
Calle alfonso de castro 6, 13
Calle alfonso x el sabio 10, 20
Calle almansa 24, 25
Calle almenara 4
Calle almirante 24
Calle alonso del castillo 25, 35
Calle amazonas 8
Calle ambasaguas . . 7, 8
Calle amistad 3
Calle américa 3

Calle ancha 22
Calle andalucia 3
Calle antonio espinosa
    12
Calle antonio garcía
    boiza 3, 4
Calle antonio llorente
    maldonado 18
Calle antonio mon-
    tesinos 25
Calle antonio ponz . . .18
Calle arapiles 10, 11
Calle arco de la lapa . 23
Calle arias pinel . . 24, 25
Calle armuña 11
Calle arquitecto repul-
    lés y vargas 3
Calle arquimedes 7
Calle arriba 12
Calle arroyo de lastra . 6
Calle arroyo de santo
    domingo . 22, 23, 32
Calle artesanía 11
Calle asaderia 23
Calle asturias 11, 12
Calle atlántico 3, 4
Calle aurelia lópez . . . 29
Calle ayala 7
Calle azafranal 13
Calle azucena 13
Calle babilafuente 11
Calle badajoz 15
Calle baden-baden . . 35
Calle bailén 23, 33
Calle balmes 21
Calle barqueros 30
Calle barquillo 32
Calle bartolomé de es-
    cobedo 33
Calle bartolomé de las
    casas 29, 30
Calle barón de ro-
    smithal 18
Calle batalla del salado
    25
Calle bellavista 17
Calle belén 4
Calle benavente 25
Calle benedicto xvi . . 22
Calle bermejeros . 13, 23
Calle bernardo dorado
    28
Calle bernardo martín
    pérez 12, 13
Calle bientocadas 13
Calle bilbao 15, 16
Calle blas de otero 8

Calle bodegones 23
Calle bogotá 16
Calle bolivia 14, 24
Calle bolonia 35, 36
Calle bolívar 7, 8, 14
Calle bordadores . 12, 22
Calle borneo 16
Calle bretón 23
Calle brocheros 7
Calle buenos aires . . . 15
Calle cabeza de vaca . 7,
    14
Calle caldereros . . 22, 23
Calle calderón de la
    barca 22
Calle caleros 13
Calle calixto y melibea
    3, 4
Calle calzada de med-
    ina 8
Calle camino de mi-
    randa 31
Calle campo de san
    francisco 12
Calle candelario . . 10, 11
Calle cantalapiedra . . .11
Calle cantalpino 3
Calle cantábrico 3, 4
Calle cardenal cisneros
    3, 4
Calle carniceros 22
Calle carpinteros 4, 5
Calle carteros 3
Calle cascais 34
Calle castilla 3
Calle cataluña 3
Calle cañizal 22
Calle centeno 29
Calle cepeda 11
Calle cerrada de serra-
    nos 22
Calle cerrada del cor-
    rillo 22
Calle cervantes 22
Calle ceuta 3
Calle ciudad real 15
Calle claudio moyano 6,
    7
Calle clavel 23
Calle coimbra 34, 35
Calle colegio de solís 23
Calle colombia . . . 15, 16
Calle comendadoras . 13
Calle compañia 22
Calle concejo 12, 22
Calle conde de cabar-
    rús 6

Calle conde de vallel-
    lano 29
Calle conde don vela . 6
Calle conde duque de
    olivares 25
Calle condes de crespo
    rascón 12
Calle consuelo . . . 22, 23
Calle cooperación 10, 11
Calle cordel de merinas
    29, 30, 32, 33
Calle corral de
    villaverde 13
Calle corrales de mon-
    roy 13
Calle corralón de la al-
    berca 21
Calle correhuela 23
Calle corta 3
Calle costa rica 15
Calle cristo de cabrera 3
Calle cristo de los mila-
    gros 13
Calle cristóbal riesco . 13
Calle cruce 3
Calle cruz de caravaca
    14, 15
Calle cuarta 11
Calle cuba 15
Calle cuenca 15
Calle cuesta 22
Calle cándido albarrán 3
Calle cándido rodríguez
    pinilla 3
Calle cóleo 3
Calle de agustina de
    aragón 5
Calle de agustin del
    cañizo 12
Calle de alcañices 14, 15,
    24, 25
Calle de alicante 15
Calle de almeria 25
Calle de alonso de
    ojeda 6, 7
Calle de argentina 14
Calle de ayacucho . . . 23
Calle de barberán y
    collar 14
Calle de bartolomé ruiz
    7
Calle de beleña 11
Calle de benito pérez
    galdós 14
Calle de buenaventura
    30
Calle de calatañazor . 23

Calle de california 14
Calle de ceriñola 23
Calle de chile 14, 24
Calle de churriguera . . 11
Calle de covadonga . 24
Calle de crisantemos . . 7
Calle de cuello calón . 5
Calle de cáceres 15
Calle de diego de alma-
gro 13,
14
Calle de diego de deza
5
Calle de diego pisador
32, 33
Calle de dimas
madariaga 13
Calle de don heliodoro
morales 17
Calle de don pelayo . 31,
32
Calle de echegaray . . 13
Calle de eduardo
lozano lardet 17
Calle de el regajo 4
Calle de el salvador . . 16
Calle de el tomillar 4
Calle de eusebio bona
17
Calle de felipe juan . . . 4
Calle de fernando san-
tos 8
Calle de ferral 15
Calle de florinda la cava
3
Calle de fontiveros15, 25
Calle de fray junipero
serra 6
Calle de galileo 14
Calle de garcía moreno
12
Calle de garcia
quiñones 13
Calle de gargabete . 7, 8
Calle de gil de ontañón
13
Calle de gonzalo de
vivero 25
Calle de goya 3
Calle de guadalajara . 15
Calle de jesús arambarri
16, 17
Calle de joaquin rodrigo
33
Calle de joaquín secall
16, 17

Calle de josé manuel
de villena 5, 12
Calle de josé rivera . . 30,
31
Calle de juan de
argüelles 13, 14
Calle de juan miguel . . 3
Calle de juan picornell
12
Calle de julita ramos . . 8
Calle de julián casas el
salamanquino 6
Calle de la alamedilla13,
14
Calle de la alondra . . . 11
Calle de la avena 29
Calle de la ballesta . . 33
Calle de la cerca 23
Calle de la chinchibarra
6, 7
Calle de la codorniz . . 11
Calle de la concordia . 15
Calle de la coruña 15, 25
Calle de la cruz roja 5, 6
Calle de la encina 8
Calle de la esperanza . 5
Calle de la fe 22
Calle de la fresa 7
Calle de la gacela 11
Calle de la garza 11
Calle de la higuera 3
Calle de la milagrosa 24,
25
Calle de la moral 3
Calle de la paloma . . . 15
Calle de la parra 23
Calle de la perdiz 11
Calle de la prensa 14, 15
Calle de la radio . . 14, 15
Calle de la reina 13
Calle de la reja 23
Calle de la sierra de
gredos 17
Calle de la soledad . . 23
Calle de la televisión . 14
Calle de la tórtola 11
Calle de la vellés 11
Calle de la vid 3, 4
Calle de las acacias . 7, 8
Calle de las amapolas 7,
8
Calle de las begonias . 7,
8
Calle de las camelias . 8
Calle de las canteras . 29
Calle de las carabelas
32

Calle de las cañas 8
Calle de las cortes de
cádiz 7, 14
Calle de las eras 13
Calle de las gaviotas . 11
Calle de las hortensias 7
Calle de las huertas . . 32
Calle de las islas ca-
narias 5,
12
Calle de las lilas 8
Calle de las margaritas 7
Calle de las mazas21, 22
Calle de las moreras 7, 8
Calle de las navas 24
Calle de las orquideas 7
Calle de las petunias . . 8
Calle de las velas 22
Calle de las Águilas . . 11
Calle de levante 3
Calle de león felipe . . 11,
12
Calle de lorenzo ve-
lasco 5
Calle de los abetos 7
Calle de los acebos . . . 8
Calle de los afiladores . 3
Calle de los alfareros . 3,
4
Calle de los alhelíes . . . 7
Calle de los arces 7
Calle de los arenales . 15
Calle de los artesanos 5
Calle de los
campesinos 28
Calle de los castaños . 8
Calle de los chacineros
29
Calle de los cuchilleros
5
Calle de los curtidores 5
Calle de los francos . . 17
Calle de los ganaderos5
Calle de los gladiolos . 7
Calle de los guindos . . 7
Calle de los helechos . 7,
8
Calle de los herreros . . 5
Calle de los hidalgos . . 6
Calle de los jardineros 5
Calle de los joyeros . . . 5
Calle de los leñadores 5
Calle de los marineros 4
Calle de los marmolis-
tas 5
Calle de los mártires . 23
Calle de los nardos . 7, 8

42

Calle de los olmos 7
Calle de los pastores . . 5
Calle de los pescadores 5
Calle de los pinos 7
Calle de los plateros 4, 5
Calle de los relojeros . . 4
Calle de los rosales ... 3
Calle de los tapiceros . 5
Calle de los tilos 7, 8
Calle de los torreros . . . 4
Calle de los transportis-tas................5
Calle de los valles mineros..........5
Calle de los vidrieros . . 5
Calle de los zapateros 5
Calle de los zúñiga . . 14, 15
Calle de luis anaya 3
Calle de magallanes . 8, 15
Calle de maldonado ocampo.........13
Calle de marconi . . . 7, 14
Calle de martín cubas . 3
Calle de maría la brava 15
Calle de mieres 15
Calle de miranda y oquendo.........5
Calle de méndez núñez 4
Calle de nazaret.......4
Calle de nieto bonal . 11, 12
Calle de nuestra señora de la asunción . . . 17
Calle de pablo picasso 6, 7
Calle de pamplona . . 14, 15, 24, 25
Calle de pardo bazán . 7, 14
Calle de pascal........7
Calle de pedro vidal . 16, 17
Calle de pereda......14
Calle de perú 14, 24
Calle de peñafiel . 15, 25
Calle de ponce de león 15
Calle de ponferrada . 15, 25
Calle de pontevedra . 15
Calle de pérez herrasti 6, 13

Calle de pérez oliva . . 13
Calle de ricardo pérez fernández 17
Calle de rodriguez hernández........3
Calle de san francisco javier.........14, 24
Calle de san gregorio 21, 22, 32
Calle de san josé.....33
Calle de san quintin . . 23
Calle de san vicente . . 21
Calle de santo tomás de villanueva 7
Calle de sarasate . . 6, 13
Calle de saucelle.....11
Calle de sicilia 15, 16
Calle de simancas . . . 15
Calle de sorias 12
Calle de tarragona ... 15
Calle de tirso de molina 12
Calle de tordesillas . . . 15
Calle de torres quevedo 14
Calle de valdivia ... 7, 14
Calle de valladolid . . . 24
Calle de valle inclán . . 4, 11
Calle de valverdón 4
Calle de vasco de gama 13, 14
Calle de velázquez 6, 13
Calle de venancio blanco 29
Calle de venezuela . . 16
Calle de vigo.........16
Calle de villar y macías 13
Calle de victor pradera 11, 12
Calle de zamora . . 12, 22
Calle del aire.........13
Calle del alcalde m.fernández nieto..............7, 8
Calle del aliso.......7, 8
Calle del alto..........3
Calle del arcediano . . 22
Calle del azahar.......7
Calle del bachiller sansón carrasco 4
Calle del banzo 23
Calle del bodón.....3, 4
Calle del bosque......7
Calle del botánico....21

Calle del buen pastor . 4
Calle del cardenal almaraz 15
Calle del cerezo.......7
Calle del ciervo.......11
Calle del cisne 11
Calle del comercio....5
Calle del coral.........3
Calle del corregidor caballero llanes . . 6
Calle del cáliz........23
Calle del doctor blanco nájera 6
Calle del doctor gómez ulla 14, 15, 24
Calle del donante de sangre....10, 20, 21
Calle del enebro 7
Calle del escultor gonzález macías 15, 16, 25, 26
Calle del explorador iradier 31
Calle del faisán 11
Calle del fresno 8
Calle del gallo........11
Calle del gamo.......11
Calle del gavilán......11
Calle del gorrión 11
Calle del granate ... 3, 4
Calle del granero . .11, 12
Calle del grillo 7, 23
Calle del halcón......11
Calle del hornazo 25
Calle del jacinto.......7
Calle del lagar 29
Calle del lazarillo de tormes 6, 7
Calle del licenciado vidriera.........4, 5
Calle del limón........3
Calle del lucero 23
Calle del maestro soler 32
Calle del manzano . . 7, 8
Calle del mariquelo . . 25
Calle del mediterráneo 3, 4
Calle del milano 11
Calle del mirto 8
Calle del molino 34
Calle del músico antonio baciero 16
Calle del músico antonio josé 15, 16, 26
Calle del narciso 7

Calle del nenúfar 7
Calle del norte 6
Calle del obispo bar-
  bado viejo 23
Calle del orégano 7
Calle del pacífico . . . 3, 4
Calle del padre astete
  13, 14
Calle del palomo 13
Calle del pardal 11
Calle del parque 21
Calle del pelícano 11
Calle del pensamiento 7
Calle del perdón 31
Calle del pico de aneto
  31
Calle del pico de
  maladeta 31
Calle del pico del
  naranco 31
Calle del pinto 23
Calle del pintor celso
  lagar 16, 26
Calle del pintor díaz
  caneja 15, 16, 25
Calle del pintor vela
  zanetti 25, 26
Calle del pradillo 33
Calle del príncipe . . . 4, 5
Calle del recreo 24
Calle del regato del
  anís 4, 5
Calle del rocío 7
Calle del rodillo 23
Calle del romero 7
Calle del rosario 23
Calle del rubí 3
Calle del rio carrión . . 34,
  35
Calle del rio cea 35
Calle del rio eresma . 35
Calle del rio margañán 8
Calle del rio primera . 27
Calle del rio tera 34
Calle del rio uces 8
Calle del rio Órbigo . . 35
Calle del sur 6
Calle del teso de bue-
  navista 3
Calle del teso de la feria
  30, 31
Calle del toboso 4
Calle del trigo 7
Calle del trébol 8
Calle del valle 3
Calle del Ángel 15
Calle del Ónice 4

Calle deán polo benito
  13
Calle diamante 3
Calle diego de losada . 8
Calle dios le guarde . . . 3
Calle doctor casimiro
  población 8
Calle doctor fleming . . 4,
  11
Calle doctor jaime vera
  11, 12
Calle doctor miguel
  moraza 9
Calle doctor navarro . . 5
Calle doctor piñuela . 12,
  22
Calle doctor talavera . . 3
Calle doctrinos 22
Calle domingo de be-
  tanzos 25
Calle domingo de soto
  14, 24
Calle dominguez
  berrueta 12, 22
Calle don bosco 14
Calle don josé artero . 13
Calle don quijote 4
Calle dorado montero . 5
Calle doyagüe 22
Calle doña gonzala
  santana 23
Calle doña petronila . 23
Calle doñinos 11
Calle dulcinea 4
Calle dámaso ledesma
  12
Calle ecuador 14, 24
Calle edison 11
Calle eduardo pérez
  pujol 3
Calle el arco 12, 13
Calle el bierzo 5
Calle el brocense . 12, 13
Calle el castañar 3
Calle el cerro 3
Calle el cid 4, 11
Calle el greco 7, 8, 14, 15
Calle el tostado 22
Calle el elcano 8, 15
Calle emigdio de la riva
  5
Calle empedrada 21
Calle enrique de villena
  8
Calle entrerrios 8
Calle escoto 23
Calle escuelas viejas 3, 4

Calle escultor carmona
  11
Calle escultor martinez
  montañés 11, 12
Calle escultores 4, 5
Calle esmeralda 3, 4
Calle españoleto 29
Calle especias 12, 13
Calle espejo 21
Calle espoz y mina . . 12,
  22
Calle espronceda 14
Calle estación tejares 28
Calle estaño 29
Calle estoril 34
Calle etreros 14
Calle eugenio de castro
  9, 19
Calle extremadura 3
Calle federico de onís . 3
Calle federico lozano
  andrés 8
Calle felipe espino . . . 22
Calle fermoselle 25
Calle fernando de la
  peña 5, 6, 13
Calle fernando de rojas
  6, 13
Calle fernando
  población 9, 10
Calle ferrara 36
Calle ficus 3
Calle filipinas 15, 16
Calle florencia 36
Calle florida 21
Calle fomento 21
Calle fonseca 11, 21
Calle francisco bernis 10
Calle francisco de vito-
  ria 22
Calle francisco gil 17
Calle francisco maldon-
  ado 29
Calle francisco montejo
  29
Calle fray luis de
  granada 12
Calle fucsia 8
Calle fuengirola 15
Calle fuentecilla de san
  blas 21, 22
Calle fuenteguinaldo . 17
Calle garcilaso de la
  vega 25
Calle garcía lorca 8
Calle garcía tejado . . . 21

44

Calle garrido y bermejo 7
Calle general albertos 3
Calle general castaños 5
Calle general espartero 3, 4
Calle george borrow . 9, 18
Calle gerona 15
Calle gibraltar 22
Calle gil gonzález dávila 28
Calle girasol 3
Calle girolamo da sommaia 18
Calle gloria fuertes 8
Calle goleta 5
Calle gran via 13, 23
Calle guadalete 24
Calle guarda 29, 30
Calle guatemala . . 14, 24
Calle guijuelo 3
Calle gustavo doré 9, 19
Calle gutenberg 4, 11
Calle guzmán de alfarache 4
Calle guzmán el bueno 8
Calle génova 3, 35
Calle gómez arias . . 5, 6
Calle gómez moreno 13, 23
Calle henry collet . . 9, 10
Calle hermanas fidalgo morales 5
Calle hermanitas de los pobres 6
Calle hernán cortés . . 14
Calle higuera 3, 4
Calle hipólito rodriguez pinilla 8
Calle hogar 11
Calle honduras . . 14, 24
Calle horno 22
Calle hortaleza 23
Calle hortelanos 17
Calle hovohambre . . . 23
Calle huerta de santisima trinidad . . 32, 33
Calle huerta otea 11
Calle huertas de la vega 28
Calle ibiza 5, 12
Calle imperial 23
Calle infantas 33

Calle ingenieros zapadores 5
Calle isaac peral 7, 8
Calle iscar peyra . . 12, 22
Calle isidro segovia . . 12
Calle jamaica 16
Calle jardiel poncela . . 8
Calle jardines 23, 33
Calle java 16, 17
Calle jean laurent 18
Calle jerónimo münzer 18
Calle jesús 22
Calle jesús garcia bernalt 9
Calle jesús izcaray 3
Calle joaquin costa . . . 12
Calle joaquin vargas . 30
Calle joaquin zahonero 21
Calle john dalton . . 9, 18, 19
Calle jorge ibor 24
Calle josé de lamano beneite 18, 19
Calle josé jáuregui 12, 13
Calle josé luis de celis . 3
Calle josé luis martin . . 3
Calle juan de garay . . . 8
Calle juan de herrera 28, 29
Calle juan de juni . . 11, 12
Calle juan de la cierva . 7
Calle juan de la cosa . 14
Calle juan de la fuente 22
Calle juan de vera 5
Calle juan de villoria . . . 7
Calle juan del encina . 14
Calle juan del rey 22
Calle juan maluquer . . 9, 10
Calle juan ramón jiménez 8
Calle juan ruiz peña . . 18
Calle la alameda 3
Calle la alberca . . . 10, 11
Calle la albuera . . 23, 24
Calle la bañeza 5
Calle la bruma 3
Calle la cruz 21
Calle la flecha 3
Calle la flor 3, 4
Calle la fontana . . . 23, 33
Calle la fuente 12
Calle la gardenia 14
Calle la haya 35

Calle la independencia 24
Calle la latina 22
Calle la luz 3
Calle la marina . . . 23, 24
Calle la mariseca 25
Calle la misión 4
Calle la palma 21
Calle la paz 21
Calle la perla 3
Calle la pesca 32
Calle la plata 21, 22
Calle la reja 13, 23
Calle la unión 24, 25
Calle la uva 29
Calle la victoria 3
Calle labriegos 3
Calle ladera 29
Calle lamberto de echeverria 18
Calle larga 31
Calle las batuecas 11
Calle las escuelas 23
Calle las franciscas . . . 13
Calle las hilanderas . . . 3
Calle las isabeles 12
Calle las veguillas 11
Calle las viejas 12
Calle ledesma 11, 12
Calle ledrada 3
Calle lepanto 24, 25
Calle león 3
Calle libreros 22
Calle licenciado méndez nieto 10, 20
Calle licenciados . . 11, 21
Calle linares 3, 4
Calle logroño 25
Calle lope de rueda . . 25
Calle lope de vega . . . 12
Calle lorenzo gonzález iglesias 29
Calle lorenzo niño 9
Calle los apóstoles . . . 12
Calle los guerrilleros . 14
Calle los ovalle 14
Calle los perdones . . . 12
Calle los quintero 25
Calle los santos 24
Calle los villares . . 10, 11
Calle lucas fernández 18
Calle lucio marineo . . 25
Calle lugo 15, 25
Calle luis bello 18
Calle luis de góngora 25

Calle luis hernández
  contreras 13
Calle luis vives 5, 12
Calle lumbrales 11
Calle lázaro ralero 8
Calle lópez vivero . . . 3, 4
Calle madre bonifacia
  rodríguez castro . 12
Calle madrigal de las
  altas torres 25
Calle maestro correas 15
Calle maestro giner . . 32
Calle maestro hernando
  32
Calle maestro lidón . . 32
Calle maestro marqués
  32
Calle maestro moreno
  torroba 32, 33
Calle maestro sánchez
  allú 32
Calle maestro valverde
  32
Calle maestro Ávila . . . 21
Calle mallorca 5, 12
Calle managua 14
Calle manuel ramos an-
  drade 9,
  19
Calle mariano arés y
  sanz 29, 30
Calle marquesa de al-
  marza 23
Calle martín alonso pe-
  draz 18
Calle martínez siliceo 25
Calle matilla de los
  caños 15, 16
Calle mayor 31
Calle mayor chamberí
  29, 30
Calle melchor cano . . 12
Calle melilla 3
Calle meléndez 22
Calle menorca 6
Calle mercado viejo . . 32
Calle miguel de una-
  muno 7,
  8
Calle miguel hernández
  8
Calle miguel mihura . . 8
Calle miguel Ángel . . 29
Calle mineros 4
Calle miróbriga 3, 4
Calle miñagustín 22

Calle modesto falcón . 6,
  7
Calle monleón 8
Calle monte 3
Calle monte carmelo . 4,
  5
Calle monte olivete . . 23
Calle montevideo 16
Calle moriscos 3
Calle mozárbez 10
Calle murcia 3
Calle muñoz torrero . . 11,
  12
Calle méjico 14, 24
Calle mérida 14
Calle natividad calvo
  montealegre 18
Calle nava del rey 25
Calle navasfrias . . . 10, 11
Calle nicaragua 14
Calle norberto cuesta
  dutari 11, 20, 21
Calle nueva de san
  bernardo 11
Calle nueva guinea . . 15,
  16
Calle nueva zelanda . 16
Calle numancia 23
Calle nápoles 35, 36
Calle núñez de balboa
  14
Calle núñez de zamora
  25
Calle núñez losada . . 29
Calle obispo alcolea . . 3
Calle obispo don jerón-
  imo 28
Calle obispo jarrín 23
Calle obispo ramírez
  villaescusa 8
Calle olmedo 15
Calle orellana 14, 15
Calle orense 15
Calle orinoco 8, 15
Calle otumba 23, 24
Calle pablo montesino 6
Calle padilla 13, 14
Calle padilleros 13
Calle padre arintero . . . 8
Calle padre báñez 8
Calle padre cámara . . 13,
  14
Calle padre manjón . . 12
Calle padre morán . . 29
Calle padre suárez . . . 25
Calle palacio valdés . 11,
  12

Calle palafox 24
Calle palominos 22
Calle palos de la fron-
  tera 32
Calle pan y carbón . . . 22
Calle panamá 15
Calle papa luna 9
Calle papin 11, 12
Calle paraguay 24
Calle pascual madoz 29
Calle patio chico 22
Calle patio de come-
  dias 23
Calle pavia 23
Calle pedro chacón . . . 9
Calle pedro ciruelo . . . 5
Calle pedro cojos 23
Calle pedro gutiérrez . 9,
  19
Calle pedro lagasca . . 15
Calle pedro mendoza 14
Calle peña de francia . 3,
  4, 10, 11
Calle peña primera . . . 12
Calle peñaranda 15
Calle peñuelas de san
  blas 21
Calle pintor fernando
  gallego 9
Calle pintor gonzález
  ubierna 16
Calle pintor morales . . 11
Calle pintores 4, 5
Calle pinzones 13
Calle pizarro 6
Calle placentinos . 21, 22
Calle plasencia . . . 14, 15,
  24, 25
Calle poeta jesús ra-
  sueros 3
Calle pollo martin 13
Calle portales de
  camiñas 23
Calle pozo 3, 4
Calle pozo amarillo . . 13,
  22, 23
Calle pozo hilera 13
Calle prado 22
Calle prim 3, 4
Calle primero de mayo
  13, 14
Calle prior 22
Calle profesor camón
  aznar 8
Calle profesor lainez
  alcalá 23
Calle profesor lucas . . . 4

46

Calle profesor sáez . . . 12
Calle principe de ver-
gara 24
Calle puentecillo de la
alberca 21
Calle puerto de la luz 31
Calle puerto rico 16
Calle pio baroja 8
Calle quevedo 29
Calle quinta 11
Calle quintana 22
Calle rabanal 21, 22
Calle rafael lapesa 8
Calle ramos de pareja . 8
Calle ramón y cajal . . 11,
21, 22
Calle rector lucena 12, 13
Calle rector tovar . 12, 13
Calle regato de bue-
navista 3
Calle república domini-
cana 15
Calle reyes católicos . 12
Calle riaño 5
Calle ribera del puente
21, 22
Calle richard ford 9
Calle richard twiss . . . 18
Calle risa 7
Calle rocinante 4
Calle rodriguez fabrès 13
Calle roma 36
Calle romualdo de
madariaga 17
Calle rondin edades del
hombre 22
Calle rosa 13
Calle ruiz zorrilla 3, 4
Calle rias bajas 15, 16
Calle rio agadones 8
Calle rio alagón 7, 8
Calle rio alhándiga 8
Calle rio almar 7
Calle rio camaces 8
Calle rio coa 30
Calle rio cuerpo de
hombre 7
Calle rio ebro 4, 5
Calle rio francia 7, 8
Calle rio guadalquivir . 8
Calle rio guadiana 5
Calle rio guareña 7
Calle rio huebra 7
Calle rio jordán 4
Calle rio júcar 4, 5
Calle rio maillo 8

Calle rio mondego . . 29,
30
Calle rio riofrio 7
Calle rio sangusin 8
Calle rio segura 4, 5
Calle rio sil 4, 5
Calle rio tajo 5
Calle rio ubierna . . 25, 35
Calle rio yeltes 7
Calle rio Águeda 7, 8
Calle rúa antigua 22
Calle rúa mayor 22
Calle sagunto 24
Calle salesas 6
Calle salmerón 3
Calle salzburgo 35
Calle san ambrosio . . . 21
Calle san andrés 4
Calle san arcadio 4
Calle san aurelio 24
Calle san bruno 4
Calle san buenaventura
22
Calle san claudio 21
Calle san cosme 30
Calle san damián 30
Calle san ernesto 3
Calle san felices . . 10, 11
Calle san felipe 4
Calle san florencio 3
Calle san félix 3
Calle san gerardo 21
Calle san ignacio de
loyola 4
Calle san josé de
calasanz 16
Calle san juan de al-
cázar 21
Calle san juan de la
cruz 22
Calle san justino 4
Calle san justo 22, 23
Calle san lucas 4
Calle san luis de gon-
zaga 4
Calle san marcos 12
Calle san mateo 13
Calle san matias 3
Calle san narciso 21
Calle san pablo . . . 22, 32
Calle san pascasio 4
Calle san patricio . 21, 22
Calle san pedro 3
Calle san rafael 25
Calle san roque 4
Calle san sebastián . . 15,
16

Calle san silvestre 21
Calle san simeón 3
Calle san simón . . . 21, 22
Calle san teodoro 22
Calle san vicente ferrer
22
Calle sancho panza . . . 4
Calle santa brígida . . . 32
Calle santa bárbara . . . 4
Calle santa clara 23
Calle santa inés 4
Calle santa isabel 4
Calle santa marta 11
Calle santa maria la
blanca 32
Calle santa rita 4
Calle santa rosa de lima
3
Calle santa tecla 4
Calle santa teresa 12
Calle santa teresita del
niño jesús 4
Calle santander 14
Calle santiago . 21, 22, 32
Calle santiago diego
madrazo 3, 9, 10
Calle santo domingo
savio 3
Calle santos jiménez . 13
Calle segovia 3
Calle serafin holgado . 4
Calle serranos 22
Calle siena 35, 36
Calle sierpes 21, 22
Calle sierra de béjar . . 3
Calle silencio 22
Calle sin salida 31
Calle sintra 34
Calle sol oriente 13
Calle sumatra 16, 17
Calle sánchez barbero
22
Calle sánchez llevot . 13
Calle sánchez rojas . . 30
Calle sánchez ruano . 28
Calle taboada garcia . 29
Calle tahonas viejas . . 22
Calle tavira 22
Calle teide 31
Calle tejares 11
Calle tentenecio 22
Calle teodoro andrés
marcos 13
Calle teso de buenav-
ista 3
Calle teso de san
nicolás 32

Calle tizziano 29
Calle toledo 6, 13
Calle tomás rodriguez
  pinilla 29
Calle tomás san martín
  25
Calle topacio 3
Calle toreros 3
Calle tormenta 3
Calle torneros 4
Calle toro 12, 13, 22
Calle torrente 22, 31
Calle trabajo 7, 8, 14
Calle trafalgar 25
Calle traviesa 22
Calle triana 3
Calle trilingüe 21
Calle uclés 24
Calle uruguay 15
Calle vaguada de la
  palma 21, 22
Calle valencia 12, 13
Calle vallejera 3, 4
Calle valparaiso 8, 15
Calle van dyck . . . 5, 6, 13
Calle varillas 23
Calle vasconia 3
Calle vecinos 11
Calle velarde 13
Calle venecia 36
Calle ventura ruiz aguil-
  era 22,
  23
Calle veracruz 21, 22
Calle verona 36
Calle vicente beltrán de
  heredia 18
Calle villa de macotera 5
Calle villa socorro 17
Calle villalar 25
Calle villarino 10, 11
Calle villaviciosa . . 24, 25
Calle vista alegre 14
Calle vitigudino . . . 11, 12
Calle volta 10, 11
Calle vázquez coronado
  12, 13
Calle vázquez díaz . . . 29
Calle victimas del ter-
  rorismo 6,
  7
Calle victor garcia de la
  concha 11
Calle wellington 7
Calle wences moreno 12
Calle william bradford . 9

Calle zacarías gonzález
  9
Calle zalaca 24
Calle zorita 24, 25
Calle zurbarán 4
Calle Álava 23
Calle Álvaro gil 12
Calle Ámsterdam . 34, 35
Calle Ángela carraffa de
  nava 9
Calle Ávila 7, 14
Calle Úrsulas 12, 22
Calleja del ateneo 12
Calleja del pinto 23
Callejón de san marcos
  12
Camino de las aguas
  24–26
Camino de los frailes 26,
  27
Camino del cristo de
  cabrera 30
Camino del rio 26, 37
Camino estrecho de la
  aldehuela . . . 24–27
Camino huertas de la
  vega 28
Carretera de aldealen-
  gua 16,
  17
Carretera de aldeate-
  jada 30
Carretera de la fre-
  geneda 30,
  31
Carretera de ledesma 3,
  4
Carretera de madrid . 31,
  32
Carretera de vistaher-
  mosa 30
Cañada de la aldehuela
  26, 27
Corral de guevara 22
Cuesta de carvajal . . . 22
Cuesta de la encar-
  nación 21
Cuesta de la indepen-
  dencia 21
Cuesta de la raqueta . 13
Cuesta de oviedo 21
Cuesta de san blas . . . 21
Cuesta de san vicente 21
Cuesta del carmen . . . 12

G

Glorieta adolfo suárez 10
Glorieta beatriz de
  suavia 25, 26
Glorieta brigada ca-
  balleria jarama . . . 4
Glorieta ciudad de bru-
  jas 33
Glorieta ciudad jardin . 6
Glorieta coronel antonio
  heredero gil 14
Glorieta de antonio
  machado 14
Glorieta de castilla y
  león 7
Glorieta de doña urraca
  7
Glorieta de federico
  anaya 7
Glorieta de gran capitán
  5
Glorieta de josé velicia
  15
Glorieta de julio robles 8
Glorieta de la charreria
  30
Glorieta de la flecha . 16
Glorieta de la unión de-
  portiva salamanca
  5, 12
Glorieta de las aceñas
  28
Glorieta de las bernar-
  das 26
Glorieta de los alcaldes
  28
Glorieta de los milagros
  21
Glorieta de san
  marcelino 9
Glorieta del arenal del
  Ángel 26
Glorieta del tratado de
  tordesillas 6, 7
Glorieta filiberto villalo-
  bos 3
Glorieta francisco lópez
  de villalobos 19
Glorieta leonardo da
  vinci 33
Glorieta puerta de santa
  marta 36
Glorieta ruta de la plata
  5, 6
Glorieta rio miño 8
Glorieta vettones y vac-

ceos 31
Glorieta virgen de
    loreto 32

```
┌─────────────────────┐
│          P          │
└─────────────────────┘
```

Parque de valhondo . . 3
Pasaje coliseum 22
Pasaje de azafranal . . 13
Pasaje de la caja de
    ahorros 22
Pasaje de la corriente . 3
Pasaje de san agapito . 3
Pasaje de sancti spiritus
    23
Pasaje del martillo 3
Pasarela el soto 37
Paseo alcalde fernán-
    dez de trocóniz
    28
Paseo césar real de la
    riva 28–30
Paseo de canalejas . . 13,
    23, 33
Paseo de la estación . 8,
    13–15
Paseo de la universidad
    de coimbra . . 10, 19,
    20
Paseo de las carmelitas
    11, 12
Paseo de los madroños
    8
Paseo de los nogales . 7
Paseo de los olivos 7
Paseo de los robles . 7, 8
Paseo de san antonio 23,
    24
Paseo de san vicente 11,
    20, 21
Paseo del desengaño
    20, 21
Paseo del doctor torres
    villarroel 5, 6, 12
Paseo del ferrocarril . . 14
Paseo del parque fluvial
    34–36
Paseo del progreso . 30,
    31
Paseo del rector esper-
    abé 22, 32,
    33
Paseo del rollo 14, 15, 24,
    25
Paseo del rio tormes . 37
Paseo del tormes 33

Paseo enrique de sena
    18, 19
Paseo fernando araujo
    28
Paseo florencio marcos
    28, 29
Paseo francisco tomás
    y valiente 9, 10
Paseo gran capitán 5
Paseo luis cortés . 28, 29
Paseo lunes de aguas
    28
Patio de los estudios . 22
Plaza alto del rollo 15, 16
Plaza chica 31
Plaza corralillo de santo
    tomás 23
Plaza de anaya 22
Plaza de baleares 3
Plaza de barcelona . . . 8
Plaza de bretón 23
Plaza de caracas 16
Plaza de carmelitas . . 12
Plaza de carvajal 22
Plaza de colón 22
Plaza de cuatro
    caminos 24
Plaza de españa 13
Plaza de florida 15
Plaza de fray luis de
    león 21, 22
Plaza de julián sánchez
    13
Plaza de la constitución
    13
Plaza de la cruz ver-
    dadera 12
Plaza de la enseñanza 3,
    4
Plaza de la estación . . 15
Plaza de la fontana . . . 33
Plaza de la fuente 12
Plaza de la justicia 23, 33
Plaza de la libertad . . . 12
Plaza de la mancha . . . 4
Plaza de la merced . . . 21
Plaza de la parra 23
Plaza de la reina . . 13, 23
Plaza de las cigüeñas 11
Plaza de las delicias . . 14
Plaza de los bandos . . 12
Plaza de los basilios . 23
Plaza de los caidos . . . 21
Plaza de los doctores
    de la reina . . . 10, 20
Plaza de los donados 21
Plaza de los escritores 3

Plaza de los gascones
    21
Plaza de los irlandeses
    21
Plaza de los leones . . 22
Plaza de los sexmeros
    23
Plaza de madagascar 16
Plaza de madrid 6
Plaza de monterrey . . 22
Plaza de san benito . . 22
Plaza de san blas 21
Plaza de san boal . 12, 13
Plaza de san cristóbal 23
Plaza de san fernando
    31
Plaza de san francisco
    de sales 32
Plaza de san isidro . . . 22
Plaza de san juan
    bautista 12
Plaza de san julián . . . 23
Plaza de san justo 23
Plaza de san marcos . 12
Plaza de san román . . 23
Plaza de san vicente . 21
Plaza de santa eulalia 13
Plaza de trujillo 15, 24, 25
Plaza de viriato 31
Plaza de África 3
Plaza del ahorro 7
Plaza del barrio vidal . . 5
Plaza del campillo . . . 13
Plaza del concilio de
    trento 22, 23
Plaza del corrillo 22
Plaza del jilguero 11
Plaza del mar 32
Plaza del mercado . . 22,
    23
Plaza del mercado viejo
    22, 32
Plaza del mirto 8
Plaza del oeste 12
Plaza del peso 22
Plaza del poeta iglesias
    22
Plaza del poniente . . . 31
Plaza del santo 23
Plaza del zoco 3
Plaza del Ángel . . . 22, 23
Plaza diego de covarru-
    bias 10
Plaza francisco botello
    de moraes 4
Plaza gabriel y galán . 13
Plaza juan xxiii 22

Plaza mayor 22
Plaza san francisco de
    asís 31
Plaza santiago 22, 32
Plaza toneleros 4
Plaza volta 11
Plazuela de beatriz
    galindo 25
Plazuela de cecilia mo-
    rillas 25
Plazuela de la abogacía
    22
Plazuela de las agusti-
    nas 22
Plazuela de san bar-
    tolomé 21

Plazuela del corregidor
    saura saravia 7
Plazuela rosalía de cas-
    tro 25
Puente de enrique es-
    tevan 32
Puente de la universi-
    dad 19
Puente de soto 22
Puente de sánchez fab-
    rés 20, 21,
    30
Puente felipe vi 33
Puente juan carlos i . 26,
    36
Puerta zamora 12

R

Ronda de sancti-spiritus
    13, 23
Ronda del corpus 12

T

Travesía de la vía 29
Travesía san andrés . . . 4
Túnel del rector lucena
    21

V

Vía helmántica 31–34

Points of Interest

A

Arrabal 🏙 31
Art Museum Domus
    Artium 2002-
    Former Prison
    (Av.Aldahuela) 🏛
    24, 34
Auditorium Calatrava
    (Escoto and Monte
    Olivete) 👤 23
Ayuntamiento-Town
    Hall 👤 22

B

Boat Terminal (Car-
    retera Madrid) ⚓
    31
Botanical Garden
    Huerta Otea 🏃 . . 19,
    20
Botanical Garden
    Merced 👤 21
Bus Station (Av.
    F.Villalobos 71-85)
    🚌 10

C

Casa de la Tierra-
    Chamber of Com-
    merce 👤 23
Casa de las Conchas
    (Compañia 2) 👤 . 22
Casa de las Muertes
    (Borbadores 6) 👤 22
Casa Doña Maria Brava
    (Plaza de los Ban-
    dos) 👤 12
Casa Santa Teresa 👤 . 12
Catedral-New and Old
    Parts 👤 22

Center of Historical
    Memory-Civil War
    Archives (Gibraltar
    2) 🏛 22
Center of Performing
    Arts and Music 👤
    24
Church Carmen de
    Abajo 👤 32
Church Clerecia (Com-
    pañia 5) 👤 22
Church Holy Spirit 👤 . 23
Church Nuestra Señora
    del Carmen (Espoz
    y Mina 11) 👤 12
Church Nueva Arra-
    bal and View Point
    (Carretera Madrid)
    👤 31
Church Purisima (Plaza
    Agustinas) 👤 22
Church San Benito
    (Compania 25) 👤
    22
Church San Cristobal 👤
    23
Church San Juan Sa-
    hagún 👤 13
Church San Julián
    (Obisco Jarrin) 👤
    23
Church San Marcos
    (Plaza San Marcos)
    👤 12
Church San Martin
    (Plaza Corillo) 👤
    22
Church San Pablo
    (Plaza Colón 7) 👤 22
Church San Sebastian
    (Plaza Anaya) 👤 . 22
Church Santa Maria
    Magdalena

(Zamora 63) 👤 . . . 12
Church Santiago 👤 . . 32
Church Santo Tomàs
    (Calle Rosario) 👤 23
Church Vieja Arrabal 👤
    31
Collegio Jesuitinas-
    Sacred Heart
    School (Puente
    E.Estevan-Av.Reyes
    d'España 3) 👤 . . . 32
Congress and Expo
    Palace (Plazuela
    S.Bartolomé) 👤 . 21
Convent Dueñas 👤 . . 22
Convent of Capuchins
    (Ramon y Cajal 7)
    👤 22
Convent San Esteban 👤
    23
Convent Úrsulas (Úrsu-
    las 2) 👤 12
Cueva de Salamanca-
    Crypt (Plaza-
    Cuesta Carvajal
    7) 👤 22

E

Events Hall Sánchez
    Paraiso 🏃 8
Expo Venue Santo
    Domingo de la
    Cruz (Jardines
    Santo Domingo)
    🏛 22

G

Garden Huerto de Cal-
    ixto y Melibea 👤
    22

H

Hill and View Point San
Vicente 👤 21
Hospital Santisima
Trinidad ⊕ 11
House-Museum Una-
muno (Libreros 25)
🏛 22
House-Museum
Zacarias Golzález
(Alarcón 26) 🏛 . . . 11

J

Japanese Cultural Cen-
ter (Plaza San Boal)
👤 12

M

Mercado Central-
Market 👤 22
Mill Factory and Mu-
seum (Pesca 5 and
Barquillo) 🏛 32
Molino del Cabildo-Mill
(Calle del Molino-
Parque Jeronimos)
👤 34
Monument Cristóbal
Colón (Plaza
Colón) 👤 22
Monument Lazarillo
de Tormes (Calle
Santiago) 👤 21
Municipal Police HQ 🚔
25
Museum Monumenta
Salmanticae (Ver-
acruz 10) 🏛 22
Museum of Art Deco
and Nouveaux-
Casa Lis 👤 22
Museum of Automotive
History 🏛 32
Museum of Commerce
and Industry 🏛 . . 24
Museum of History
of Salamanca-
Episcopal Palace
(Plaza Juan XIII) 🏛
22
Museum of Salamanca
(Patio Escuelas) 🏛
22

Museum Taurino
(Dr.Piñuela 5-
Behind Town Hall)
🏛 22
Museum-Convent
Santa Clara (Santa
Clara 2) 👤 23

N

National Police HQ 🚔 33
Nature Preserve Isla del
Soto 👤 37

P

Palacio de la Salina 👤 22
Palacio de Monterrey
(Plaza Monterrey)
👤 22
Palacio Fermoselle
and Torre del Aire
(Plaza Sta.Eulalia)
👤 13
Palacio Orellana (Calle
San Pablo) 👤 22
Park Aldehuela 👤 27, 37
Park Jesuitas 👤 24
Park San Francisco 👤 11,
12
Plaza de Toros 👤 6
Plaza Mayor 👤 22
Pontifical University of
Salamanca 🏛 . . . 22
Pozo de las Nieves-
Ancient Well
(Paseo R.Esperabé
85) 👤 33
Puente Romano 👤 21, 31

R

Rollo 🏴 15

S

Soccer Field Monterrey
🏃 16
Soccer Field N.Martin 🏃
10
Sports Camp Mirat 🏃 34
Sports Complex Alde-
huela de los Guz-
manes 🏃 27

Sports Complex Don
Bosco 🏃 4
Sports Complex
M.Unamuno 🏃
10
Sports Complex Salas
Bajas 🏃 . . 19, 20, 30
Sports Complex Salud
🏃 10
Sports Complex Vi-
cente del Bosque
🏃 8
Swimming Pool
Alamedilla 🏃 14

T

Tormes 🏴 32
Torre Clavero (Consuelo
34) 👤 22
Torre del Marqués de
Villena (San Pablo
90) 👤 22
Tourist Office (Plaza
Mayor 22) ℹ 22
Train Station 🚆 15
Train Station Tejares-
Chamberi 🚆 28

U

University Facade with
Frog (Libreros 34)
👤 22
University Hospital Vir-
gen de la Vega ⊕
20, 21
University of Salamanca
Campus 🏛 . . 10, 20,
21
University of
Salamanca-
Escuelas Mayores
👤 22
University of
Salamanca-Faculty
of Education 🏛 . 33
University of
Salamanca-
Rectorate 🏛 22

V

Vidal 🏴 5

60401968R00031

Made in the USA
Middletown, DE
15 August 2019